あたたかな風になる

森木　林 詩集
葉　祥明 絵

JUNIOR POEM SERIES

銀の鈴社

もくじ

Ⅰ　宇宙《うちゅう》

I

宇宙
うちゅう

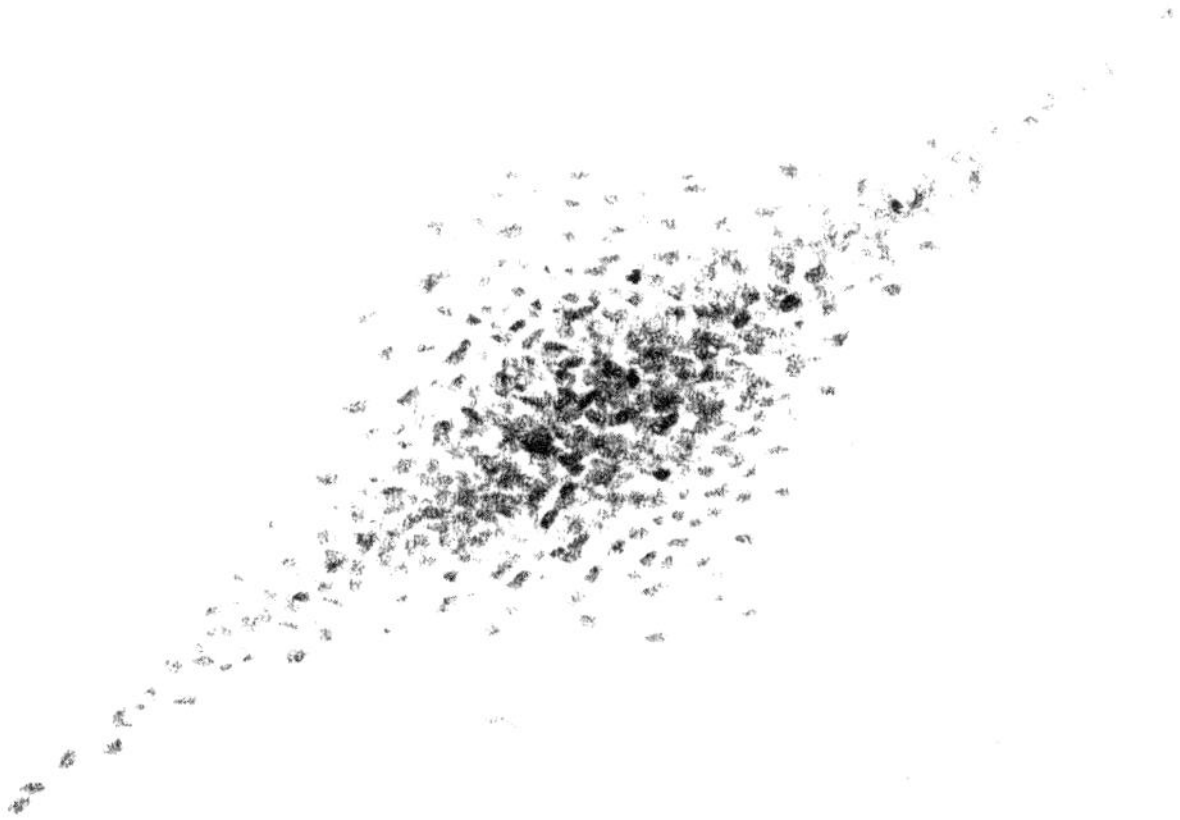

そら

ずっと　思いこんでいた
そら　は
見上げるものだ　と

けれど　あぁ
もしも　大地が　透《す》きとおったなら
水晶玉《すいしょうだま》の　むこうには
果てしない　星　星　星　……

ぼくらの　足もとには
いつも　星ぞらが
ひろがっている

月光合成《げっこうごうせい》

陽《ひ》の光では　まぶしくて
反射光に　呼吸している
映《うつ》しの光　月影《つきかげ》よ

夜を渡《わた》りて
昼は真白《ましろ》の
やわらぐ光に　息づくものたち
清《さや》かに　朔《さく》の　時を待ち

月光合成　しなやかに
月光合成　すずやかに

時を駆《か》ける

めをみはるほどの速さで
　ひな　は
　　親鳥へ
めをみはるほどの速さで
　ふたば　は
　　大樹《たいじゅ》へ
めをみはるほどの速さで

わたしたちも
　通り過ぎ
だれかから　みれば
きっと
なにかから　みれば
きっと

せかいの星座

そらのしたに
たくさんの　しりあいを　つくる
ココロ　ころころ
きょうも　ころがす
そらから　そらへ　ひびくように
とおい　ねいろが　とどくように

ほしのしたに
さまざまな　しりあいを　みつける

カラカラ　からん
闇夜《やみよ》をつなぐ　ちいさなカンテラ
はなればなれの　とおくにあって
そのまま　せかいの星座になる

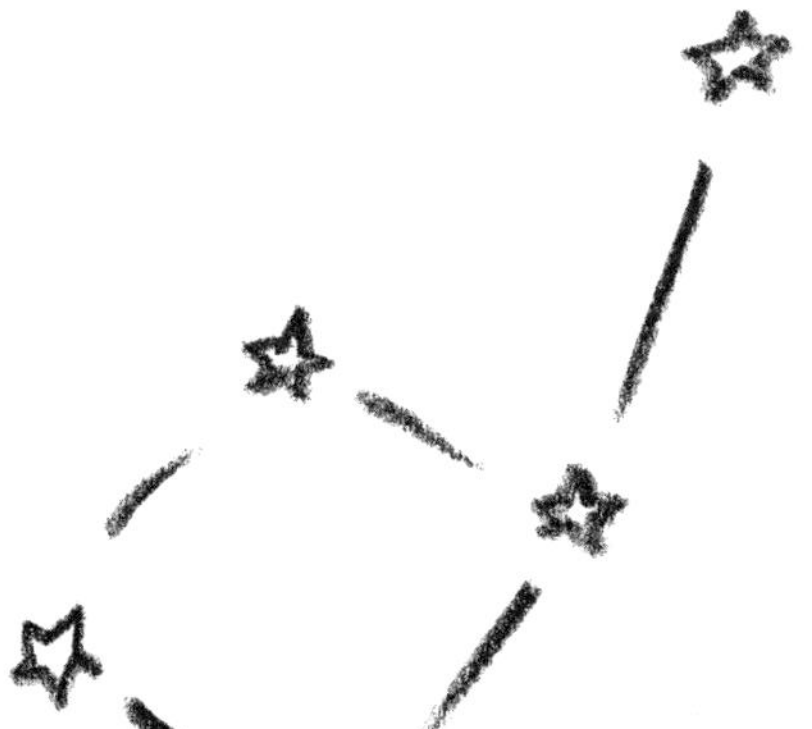

天文学者

異界《いかい》からの客人《まろうど》が
風をおこす伝説は
星にも　あったろうか
太陽風《たいようふう》でも　恒星風《こうせいふう》でもない
〈ソト〉からの風
天文学者は　日夜追う
あたらしい　セカイのはじまり

絶えず飽《あ》かず　天《そら》をみあげて
あまたの　天文学者たち
時の回廊《かいろう》　開け放ち
今朝《けさ》も　今宵《こよい》も

そこに　風はふいている
〈時の向こう〉の異界から
そっと

きょうは　だれかのたんじょうび

きょうは　だれかの　たんじょうび
きょうも　なにかの　たんじょうび
小惑星天体《しょうわくせいてんたい》　リュウグウの
初《はつ》の　サンプル・リターン・デイ
その日　深海《しんかい》に
リュウグウノツカイの仔《こ》が　生まれた
細胞《さいぼう》の　ターン・オーバー

さらさらと　ふるふると
おつかれさまです　あなたの　かけら
お初《はつ》に　お目《め》もじ　わたしの　かけら

そこかしこ　あちらこちらで
おめでとう　ありがとう
ようお越《こ》し
幾久《いくひさ》しく　あらしゃりませ

ほしのあんぶれら

いま　この通りは　なんて　あかるい
　くらやみを　とおざけて
いま　この通りは　ほどよく　あかるい
　まぶしさを　さえぎって

かつて　だれかが　がんばった
かつて　だれかが　ないていた
　それは　まるで　あーけーど
　さしかけられる　あんぶれら

くらやみも　まぶしさも
過ぎてはならぬと　しるひとの
たくさんの　やさしさで　まもられている
たくさんの　かなしさで　まもられている

いま　この通りを　あるきながら
みえなくても　みあげている
あふれるほどの　ほしのあんぶれら

波の子どもたち

波の子どもは
なぎさを這《は》い這い
大きくなったら
沖《おき》へでて
七つの海を
ひとめぐり

波の子どもは
光とあそぶ

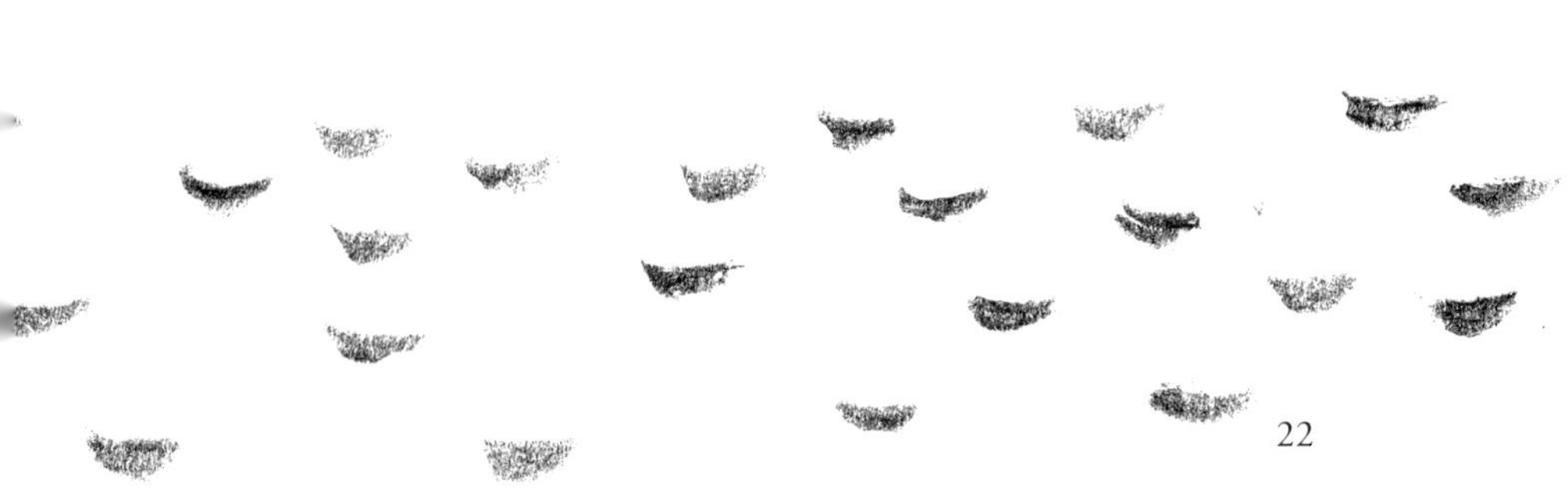

きらきら笑って
海風《うみかぜ》うけて
千鳥《ちどり》もいっしょに
おどりだす

波の子どもは
月夜にとぶよ
金いろ　銀いろ
海のみち
たどれば
星がうたいだす

いつもたびびと

いつも　たびびと
いつでも　たびびと
月も　地球も　太陽も
毎時《まいじ》　毎分《ふん》　毎秒《びょう》を
くるくるくるり
おどってる

秒速《そく》　630キロ
ひとつ　銀河のふねにのり

かつて　しらない
宇宙《そら》へ　とびこみ

ほんの　瞬時《しゅんじ》に
次へ　と　わたる

はじめまして　の
時空《じくう》　の　なかへ

いつも
いつでも

時《じ》空《くう》のささやき

せかいは
ひみつに　みちている
ひととき
みみを　かたむける

さらさら　ひろがる
時空の　ささやき
もちじかんでは
おいつかない
しらないままに

ゆきすぎる

かつての　だれかの
こえ　きいて
いつかの　だれかへ
ゆめ　たくす

ノイズ　はなれて
たちどまり
ひととき
こころ　かたむける

かたりつづける
ささやきに

夏に入《い》る

淡青《うすあお》　若竹《わかたけ》　萌黄色《もえぎいろ》
ほら
新緑が　白い林を　かけてゆく
はやく　はやく
あわてて　まぶしさを深呼吸
朧《おぼろ》な春を　通り抜《ぬ》け

しからば

しらかば
さて
すっきりと
夏に入《い》る

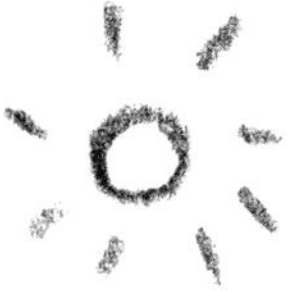

オリオン・クルーズ　～ラニアケア周航便《しゅうこうびん》～

ほら　まわっている
スパイラルの
ぼくらのふねが
オリオンの腕《うで》に　いだかれて

ひとが　銀河と　名づけた渦《うず》の
乙女《おとめ》がみつめる

はるけき天空《そら》を　かけめぐり

くる・くる・くる
りん・りん・りん
オリオン・クルーズ

くる・くる・くる
りん・りん・りん
オリオン・クルーズ
オリオン・クルーズ

そして　火星へ

クリュセ　タルシス　マリネリス
火星の平原に　山や谷
来流世《くりゅせ》　足《た》る始《し》す　万里音璃州《まりねりす》
呪文《じゅもん》のような　その名も　いつか
あたりまえに　なるのでしょう
淡《あわ》いオレンジの空も
砂嵐《すなあらし》も

さいしょの　火星猫《かせいねこ》の名は
何でしょう

地球から　大気を越《こ》え
はるか宇宙《うちゅう》空間へ
しっぽをのばした
猫の名は
フェリセット

そして　還《かえ》ってはきたのですが

満ち足りた猫たちは
大地を蹴《け》って
夜の路地《ろじ》を　駆《か》け抜《ぬ》ける

ひとは　決して満ち足りない
想《おも》いが　あふれてしまう
あこがれも　好奇心《こうきしん》も
宇宙《うちゅう》空間へ
月へ
そして　火星へ

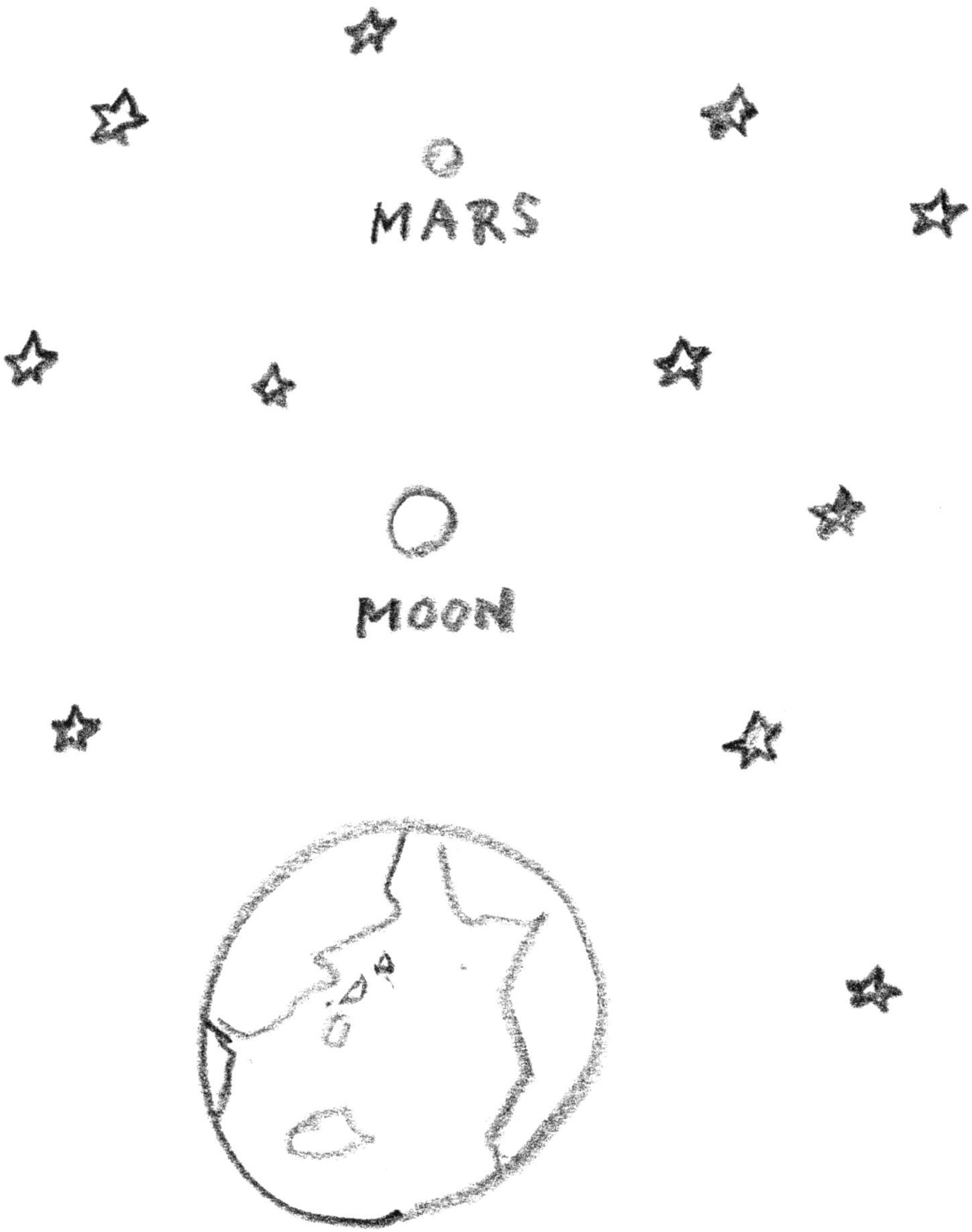
MARS
MOON
EARTH

海から

宇宙《そら》の海から
惑星《ほし》の海から
うまれた　わたしたちは
ひとすじの　川

ときに　濁流《だくりゅう》に　清流《せいりゅう》に
涸《か》れそうになりながらも
一枚の領布《ひれ》を　染《そ》めあげる
時間《とき》の染料《せんりょう》をかりて

領布は　つつむだろう
やがて　幾重《いくえ》にも　ひろがって
惑星を
宇宙を

でんしゃさん

でんしゃさん
どこからきたの
でんしゃさん
山かな　森かな
ふしぎだな
いっしょに海まで
いきたいな

でんしゃさん

どこからきたの
でんしゃさん
空かな　雲かな
ふしぎだな
いっしょに夕焼け
みているの

でんしゃさん
どこまでいくの
でんしゃさん
月かな　星かな
すてきだな
いっしょに宇宙《うちゅう》を
はしろうね

旅する祝日

カレンダーは
「知らなかった」と　ほほえんだ
「祝日は　うごくんだね」
「ね　びっくりだね」

きめごとは
かえることもできるんだ　と
カレンダーと　ほほえみあう

いっしょに　旅にでよう

朝露《あさつゆ》

ぽろりと
真実《ほんとう》が
こぼれおちてきそうな
今朝《けさ》の秋空《あきぞら》
澄《す》んだ面《おもて》に
世界を映《うつ》して

Ⅱ

心

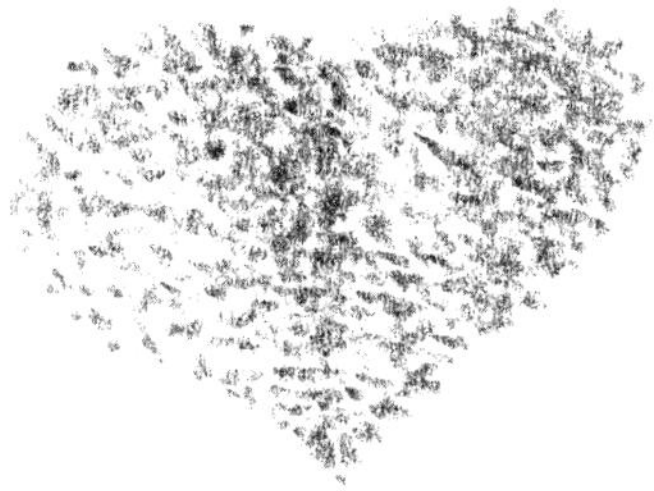

月のひかり

月の　ひかりは
水晶光線《すいしょう》
こころが
しんと
透《す》きとほる

雪のふしぎ音《ね》

雪のふしぎ音《ね》　さら　ららら
音をすいこむ　ねむくなる
ふしぎな　天《そら》の華音符《はなおんぷ》
ほほえむ春を　よんでいる

雪のふしぎ音　ほろ　ろろろ
道はきえてく　まろくなる
ふしぎな　天の華音符

ほほえむ春を　よんでいる

雪のふしぎ音　ふる　るるる
とけて巡《めぐ》りて　また天へ
ふしぎな　天の華音符
ほほえむ春を　よんでいる

夜のてっぺんから

いろいろ　あって
いろいろ　おもって
あしもと　みつめて　あるく夜

ほのかに　あたりが　あかるくて
みあげた　天空《そら》の　まんなかに
ほぉっと　けむった　虹《にじ》の丸
ほぼ　満ちた月　つつむように
くるりと　巨《おお》きな　七重丸

夜のてっぺんから
ぼくの頭の上に　ふりそそぐ

丸・丸・丸・丸・丸・丸・丸……

――たいへん
　よくでき
　ました――

いろいろ色の　七重丸
天空からもらった　今日の丸

明日は　雨も　ふるでしょう
けれど　草木は　目をさます

明日は　雨も　ふるでしょう
そして　草木も　芽ぐむでしょう

青に溶《と》ける

ここに一枚の布《ぬの》がある

真っ黒な布なら　たくさんの星を
生成《きな》りの布なら　たくさんの花を
真っ白な布なら　たくさんの舟《ふね》を

光る鉱石《こうせき》の粉末　樹々《きぎ》の枝葉《えだは》
根や種　樹皮《じゅひ》たちの　力をかりて
やわらかに　染《そ》めあげたい

そして　その布を ひろげたい
海の青に溶けるよう
波立つ面《おもて》に

平《たい》らかであるように
平らかでありますように

川のきおく

（～2022年　大堰川《おおいがわ》〈保津川《ほづがわ》〉に再現された伝統《でんとう》の十二連いかだ
『保津川いかだ流し復活《ふっかつ》プロジェクト』に寄《よ》せて）

川はおぼえていた

そのゆるやかな流れを

ときおりの舟《ふな》びとの足おと
わずかにつないだ木のいかだを
ひとがどれほど

あざやかにあやつるかを
川はおぼえていた
はれやかなかけ声と
そのみちたりたしずけさを

たねをうえる　つちをたたく

たねをうえる
　えんえんと
つちをたたく
　たんたんと
ぼくのいない森に　たねをうえる
いつかの森へ　つちをたたく

たねをうえる
たんたんと
つちをたたく
えんえんと

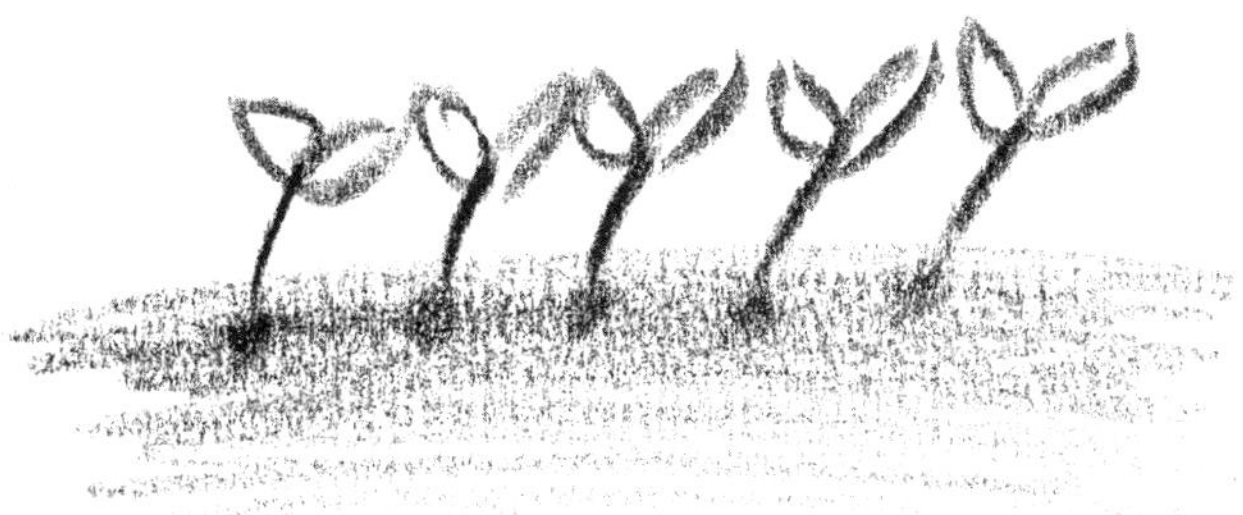

たねたね　またね

ふわっと
あの　ゆうやけぞらを
とんでたの
たねたね　またね

はらりと
かわべに　おりて
ねむったの
たねたね　またね

いまは　おもいっきり

てをのばして
そらへ
そらへ

こずえは　ひかりにわらい
ねっこは　だいちをめぐる

すきとおったかぜに
よばれたら
またね
あけぞらに　たびだつの

たねたね　またね
またね　たねたね

ルフラン・ルフラン

つぼみ
ゆれてる
枝《えだ》の先
ルフラン・ルフラン
ふる・ふるん

赤ちゃん
ゆれてる
乳母車《うばぐるま》

ルフラン・ルフラン
ふる・ふるん

ふるるん
ふるん
ふる・ふるん
ルフラン・ルフラン
ふる・ふるん

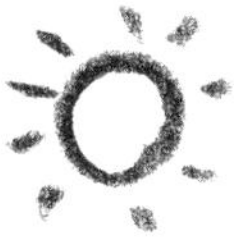

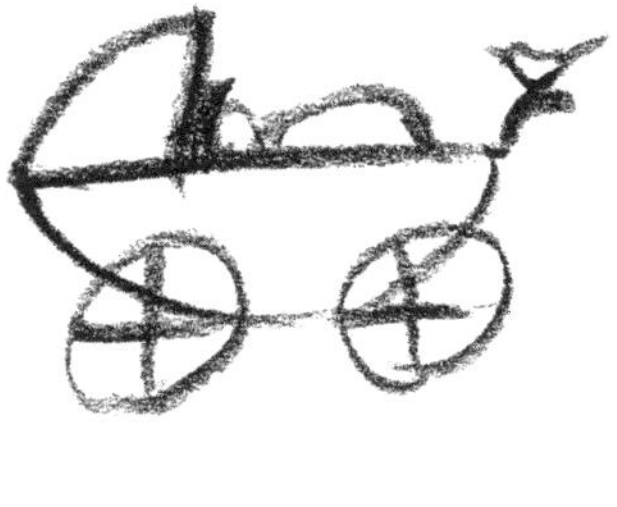

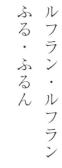

薔薇《ばら》んす

おひさま　あびて
のいばら　の　つる　のびる
どこ　いくの？
おひさまの　ほう
おほしさまの　ほう
ねっこ　は　どこ？
だいちの　ほう
みずの　ほう

おなじだけ　のびたら
薔薇んす
とれるかな

とげで　かすめて
ひっかけなくても　すむように
からみついて　しげらなくても
じぶんで　たっていられるように

のいばら　の　あこがれ　は
やじろべえ

しなやかな
その　薔薇んす

花冷《はなび》え

小雨《こさめ》そぼ降《ふ》る
桜樹《さくらぎ》を
惜《お》しむは　きっと
ひとでしょう

花冷えの　宵闇《よいやみ》は
空の雲まで　淡紅《うすべに》で
桜樹は
己《おのれ》を知らず

ただ美しい
いま　という
瞬間《しゅんかん》を
桜いろに　満ち足りて

翡翠《ひすい》の矢印《やじるし》

カワセミが　池の水面《みなも》を　はしった
ひとみのなかに　翡翠の矢印
枝《えだ》にとまって　置物となる

おぼえているのは　ファインダー越《ご》し
枠《わく》でかこんだ風景の
補正《ほせい》された　うつくしさ

あざやかな信号《シグナル》に　かこまれて

わすれかけていた　ひとみの広さ
切りとられない風景を
まっすぐ　翔《と》んだ　翡翠の矢印
〈みた〉という　いっしゅんの
空は　たかく　澄《す》んでいた

おしゃべりな道知辺《みちしるべ》

尾《お》をふって
セキレイの
それは　たしかな語りでした
さきぶれの　道知辺
ひょひょい　ピヨッ　と
にぎやかし

――マア　ナンデスナ

ススムニ　アタイシナイ
ト　イウコトモ
アリマスマイ　——

とかなんとか

ひょひょい　ピヨッ　と
尾をふり　さえずり
語られるものですから

あと　いっぽ
されば　ひとあし
ひょひょい　ピヨッ　と

ちょこんと　ちゃんと

ちょこんと　ねこが　すわってる
ちゃんと　はなが　さいている
ちゃんと　ちょこんと
ちょこんと　ちゃんと

ちょこんと　ちゃんと

ちょこんと　だれかが　咲《わら》ってる
ちゃんと　だれかが　救《たす》けてる

ちゃんと　ちょこんと
ちょこんと　ちゃんと
ちょこんと　ちゃんと
ちょこんと　ちゃんと

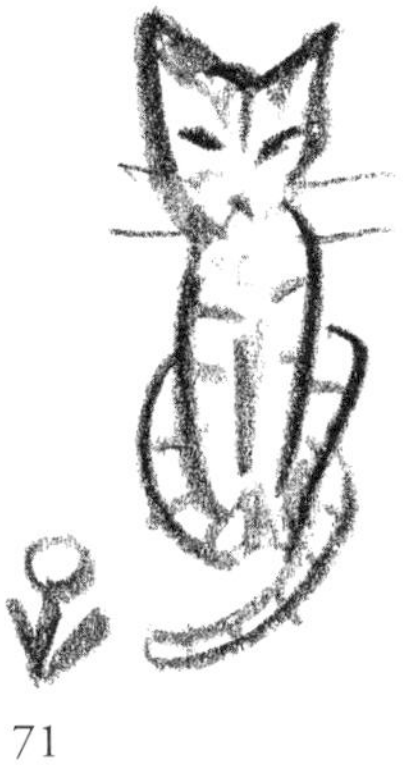

はしりま専科《せんか》

俊足《しゅんそく》のカメ
スプリンターのカタツムリ
むち打ち症《しょう》のハト
寝《ね》ちがえたミミズク
美声のカラス

〈らしさ〉を　わすれた　いきものが
とまり木　もとめて　やってきます

ハズレてしまった　どなたでも
ここでは　ひといき
お茶もでます

ハズレのマイナス
〈絶対値《ぜったいち》〉
大きいほどに
エネ・チェンで

さて　そろそろ
はしりませんか

Ⅲ

情《こころ》

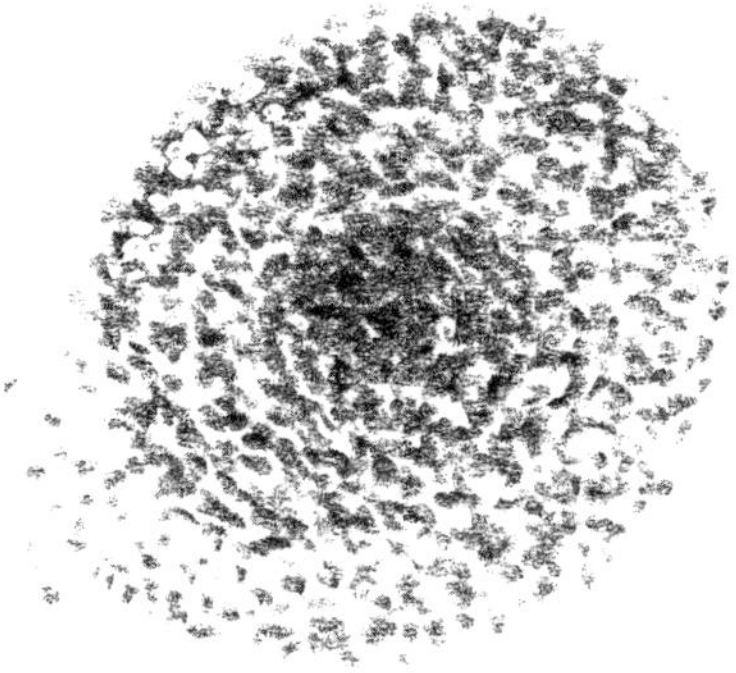

あたたかな風になる

なにかの　けはい
だれかの　たたずまいに
はっと　やわらぐ　ときがある

ほっと　ひといき
きもち　ほどけた

その　いっしゅんを
わすれずに　いて

わすれずに　いて
とまどいながらも
あなたも　また

あたたかな　風になる
あたたかな　風になる

まるいこころの　いっかくに

まるいこころの
いっかくに
ちいさな
ちいさな
エッジを　たてて
ぼくは　いつか　ぼくになる

まるいこころの
いっかくに

ちいさな
ちいさな
トンガリ　そだて
ぼくは　きっと　ぼくになる

まるいこころの
いっかくに

銀と金

ことばは　ちから
ひとたび　放《はな》てば
泉《いずみ》にもなる　刃《やいば》にも
きらめきわたる　銀の風《かざ》切《き》り羽《ばね》

ことばに　ならない
しずけさも　ある
とぶこと　おもいだす　かがやきの粉
ふりそそぐ　金のひかり

めぐりあう　銀と金
いつしか　あなたの　つばさとなる
めぐりあう　銀と金
いつしか　あなたの　つばさとなる

かぼちゃとあるく

あるく　あるく
かぼちゃと　あるく
さっき　たべた
かぼちゃと　あるく

あるく　あるく
ミルクと　あるく
さっき　のんだ
ミルクと　あるく

あるく　あるく
言葉と　あるく
さっき　みつけた
言葉と　あるく

染師《そめし》

そのひとは
とても腕《うで》のよい
染師だったそうです

「どうぞあなた　染《そ》めてください
わたしのかわりに
天《そら》を　海を」

銃剣越《じゅうけんご》しに　シャツへひろがる

名も知らぬヒトの　温《あたた》かな紅《くれない》が
染師のすべてを　染めました

「わたしは　もう
なにものも　染めることはできません
どうぞあなた　染めてください
慈《いつく》しみだけで
大地を　心を」

カノン～canon

カノン
花音《カノン》
香音《カノン》
歌音《カノン》

花からとどく　メッセージ
くりかえし　くりかえす
まっすぐな　応援歌《おうえんか》

canon

花音

香音

歌音

つづいてる　つづいてく

太古《たいこ》からの　応援歌

いま

とどく

いっぽんの木

胸《むね》のおくに　うまれた
いっぽんの　木

――ひとやすみ　ひとやすみ――

言《こと》の葉《は》に　潤《うるお》いを携《たずさ》えて
ゆるりと　さざめく
いっぽんの　木

風に揺《ゆ》らぎ　ふるえながら
そっと　枝《えだ》をひろげる
いっぽんの　木

万象《ばんしょう》潜《ひそ》む　大地にこがれ
やがて　根をはり　森と成《な》る

ときに　緑蔭《りょくいん》に　微睡《まどろ》み
小昏《おぐら》い　木下闇《このしたやみ》に　目を瞠《みは》る

この森が　涸《か》れぬよう
尽《つ》きない泉《いずみ》を　探《さが》してる

夏のソーダ水

はじけるような
追いかけっこ
　あとから
　　あとから
紺《こん》の制帽《せいぼう》　半ズボン
白いシャツの　一連《いちれん》の
発車のベルに

はこばれていったのは
生きることへの
まっすぐな　肯定《こうてい》
夏のソーダ水が
ひろがる

釘《くぎ》

からだのなかに
鉄分があると
しったとき

きゅうに
釘が
ちかくなった

無機と有機の

かすかな
あわい
イキテイル
と　いうこと

ココロ

さっきまで
そばにあった

いまでは
あんなにとおくへ
いってしまった

ふいにとどく
ずっとここにいましたよ

と　いうように
めまぐるしくて　かろやか
つかみどころがなくて　あざやか

おいかけて
おいついて
また　かけだした
ココロ

夢中に宙返《ちゅうがえ》り

夕陽《ゆうひ》がしずむ
のではなく
ぼくらは　毎夕
バック宙《ちゅう》します
宇宙《そら》に　うかんで
おーい
後方《こうほう》宙返り
朝陽《あさひ》がのぼる

のではなく
ぼくらが　毎朝
前宙《ぜんちゅう》します
地球《たま》　蹴《け》って
ぽーん
前方《ぜんぽう》宙返り

いっけ　いっけ　体軸《たいじく》
どぉん　どぉん　バランス
夢中に　宇宙で　宙返り
夢中に　宇宙は　宙返り

くつをみがく

くつをみがく
足もとのくつをみがく
ありがとう　ありがとう　と　みがく
きづかないふりの　シワ
みないふりしていた　コスレ
わすれたふりの　キズ
みなみな

ぬりこめる
　やわらかなクリームで

ときどきは
くつをみがく
足もとのくつをみがく
ありがとう　ありがとう　と　みがく

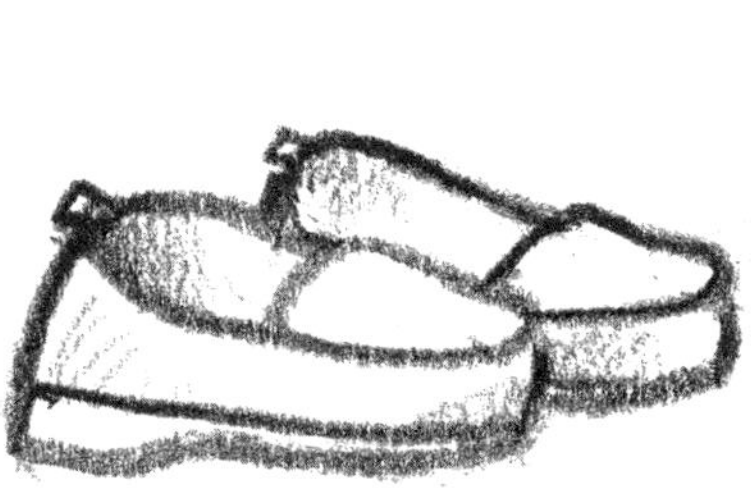

てばなして

ぽっぽ　ぽっぽと
わすれて　あるく
わすれて　まぁるく
また　あるく

てばなして
てばなして

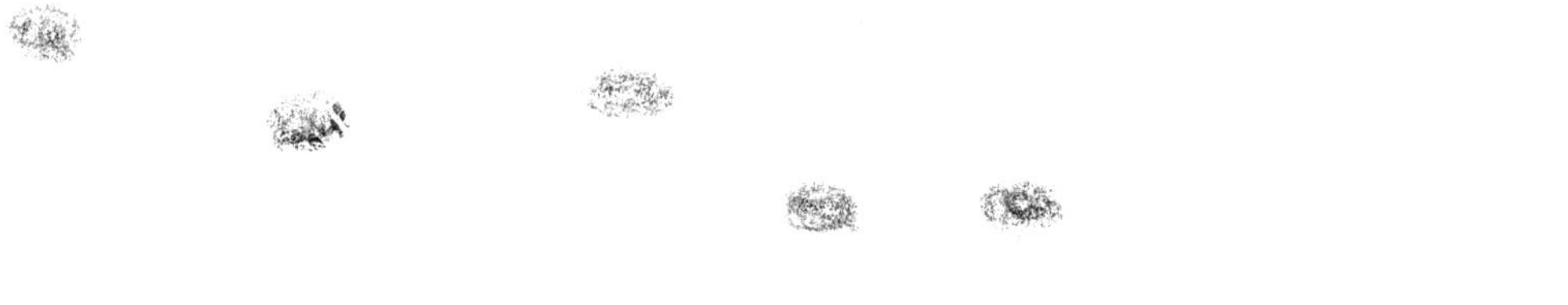

かるくなって
かるくなって

まぁるく
まぁるく
いまを　あるく

ぽっぽ　ぽっぽと
いまを　あるく

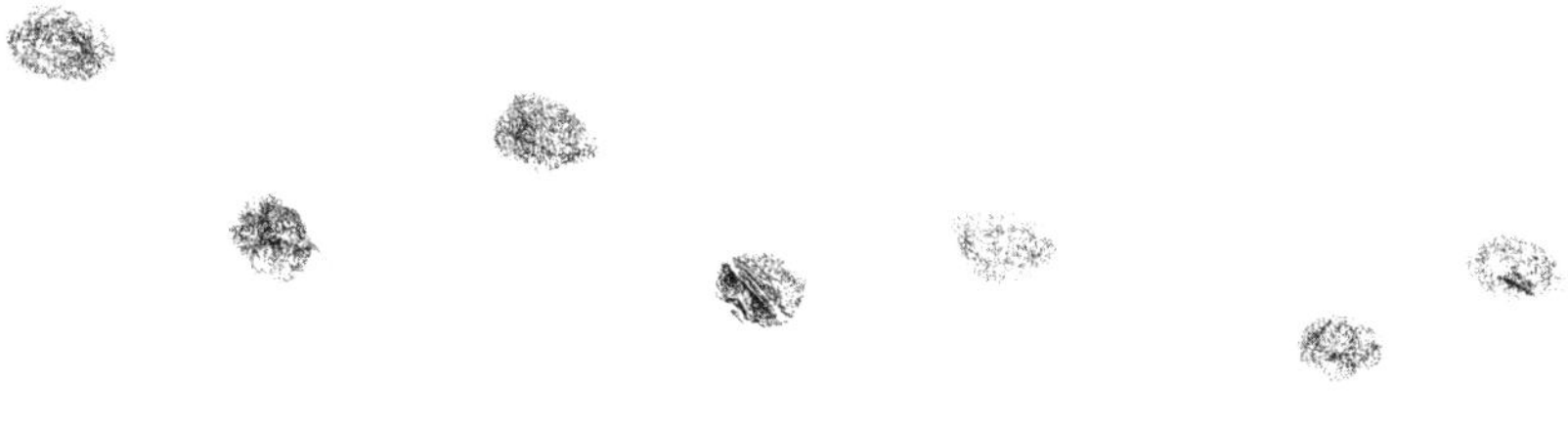

浮《う》き島《しま》

ぱららん……と
ドアがあく
電車を降《お》りたつ　人のむれ
一秒　二秒
間《ま》があいて
〈お先に　どうぞ〉
の　人まち時間

――ひとりひとりの　天使の刻《とき》――

そんな時間を　あつめたら
ちいさな羽根に　つつまれた
おおきな島に　なりました

ねむりにつく前
だれもが　そっと
還《かえ》ってゆける
浮き島です

ぷり・ぷり・ぷっぷう

ぷり・ぷり・ぷっぷう
ふくれんぼう
ふくれた　ほっぺに
なに　いれよ
リスさんみたいに
くるくる　くるみ
それでも　やっぱり
ふくれんぼう

ぷり・ぷり・ぷっぷう
ふくれんぼう
まだまだ　ぷり・ぷり
ふくれんぼう
おはなが　むずむず
くしゃみして
あわてて　もいちど
ふくれんぼう

PS《ぴーえす》　ニュアンス

道は
つづいていく
ならんだ指さきのように
いくつもの道すじをしめして

えらべる自由と
えらぶ怖《こわ》さ

悠《はる》かな掌《てのひら》のさししめす方《ほう》を

なぞるだけかもしれない
真実《ほんとう》の自由なぞ
ないのかもしれない

そうであっても
　えらぶのだ
こころひとつで
　えらぶのだ

いくつもの道すじの
かすかな　きふくさえも
おのれだけの
ニュアンスにかえて

借景《しゃっけい》

あとどのくらい
この階段を
のぼれるだろう

あとどのくらい
陽《ひ》の光を
まぶしいと　感じるだろう

あとどのくらい

水平線に
深呼吸　できるだろう

――∞《むげん》――

海へとつづく　川のほとりに
しばし　たたずむ
いつか還《かえ》ると　識《し》りながら
ひとときを　切りとる

――ここにいます――
――ここにいます――

イマ
コノトキ

あざやかな借景《しゃっけい》が
いつか
とどきますように
あなたへ

ミ・ライ

ミ・ライ
ミ・ライ
おくちのなかには　ミライがあって
味のつぼみが　まっている

あまい
しょっぱい
すっぱい
にがい

うま味の　つぼみも　まっている
イノシン・グアニル・グルタミン
スイカは　お塩で　あまくなる
チョコの　カカオは　ほろにがい
たっぷり　スパイス　極上《ごくじょう》カレー
酢《す》めしが　きめ手の　ちらし寿司《ずし》

ひとつの味では　生まれない
　あま・にが・すっぱい
うま味に　しょっぱい

まろく　ゆたかに　ともにあり
味のつぼみが　はなひらく

ぼくは　ミライで　味わいつくす
ミライが　ぼくを　まっている
ミライが　ぼくを　まっている

あとがき

北鎌倉駅のホームにおりてから数分後、白い窓枠のレンガ造りの洋館の門扉をみつけた時の、空間のまぶしさを今もおぼえています。

この度、長年あこがれの葉祥明様に絵をお描きいただきました。望外のよろこびです。貴重なお時間を、本当にありがとうございました。

詩を学ぶにあたって、たくさんの方々から教えていただいております。学生時代に心にのこった詩の一行も、古典も小説も、出あう森羅万象すべてを『お師匠さま』として、昭和、平成、令和へと、質的変化の大きい時代にめぐりあわせたことを、さらには、令和を生きる子どもたちのことを、とっくり考えていきたいです。

（ＳＦファンのため、いまだに西暦の二千の数字を書くたびにワクワクします。）

言葉を考える際に、『舌頭（ぜっとう）に千転（せんてん）する』という、舌先での千回ころがしを習いました。なかなかそこまではできませんが、努力したいです。いつもご指導いただく方は、詩の朗読の大切さを、くり返し教えてくださいます。声にするパフォーマンスで、詩の世界が広がることに、毎回うれしいおどろきを感じています。

本書は、銀の鈴社の西野真由美様をはじめ皆様のお導きにより、カルガモのぴよぴよ行進状態から、一冊の詩集の形にしていただきました。いつもきめ細やかなご指導をいただきまして、本当にありがとうございました。

どこかにひと言でも、お心に響くものがございましたら、とてもうれしいです。

これからも書き続けてまいります。ありがとうございました。

二〇二三（令和五）年九月一八日

森木　林

詩・森木　林（もりき　りん）

北海道生まれ
RosaとKernel（ローザとカーネル）〔詩の会ROSA〕
関西詩人協会
絵本・児童文学研究センター
日本児童文学者協会
日本児童文芸家協会
童話サークルわらしべ　　会員

絵・葉　祥明（よう　しょうめい）

詩人・画家・絵本作家
1946年　熊本市に生まれる
1990年　創作絵本「風とひょう」ボローニャ国際児童図書展グラフィック賞
1991年　北鎌倉に葉祥明美術館
2002年　葉祥明阿蘇高原絵本美術館
その他画集・絵本・詩画集・絵・エッセイ等多数

葉　祥明美術館
〒247-0062　神奈川県鎌倉市山ノ内318-4
Tel. 0467-24-4860　年中無休　10：00 ～ 17：00

葉　祥明阿蘇高原絵本美術館
〒869-1404　熊本県阿蘇郡南阿蘇村河陽池ノ原5988-20
Tel. 0967-67-2719　年中無休　10：00 ～ 17：00

NDC911
神奈川　銀の鈴社　2023
120頁 21cm（あたたかな風になる）

ジュニアポエムシリーズ　310　　2023年11月23日初版発行
本体1,600円＋税

あたたかな風になる

著　　者　詩・森木　林©　絵・葉　祥明©
発 行 者　西野大介
編集発行　㈱銀の鈴社 TEL 0467-61-1930　FAX 0467-61-1931
〒248-0017 神奈川県鎌倉市佐助 1-18-21 万葉野の花庵
https://www.ginsuzu.com
E-mail info@ginsuzu.com

ISBN978－4－86618－155－4 C8092
落丁・乱丁本はお取り替え致します

印刷　電算印刷
製本　渋谷文泉閣

…ジュニアポエムシリーズ…

1 鈴木敏史詩集 宮下琢郎・絵 星の美しい村 ★☆
2 小池知子詩集 高志孝子・絵 おにわいっぱいぼくのなまえ ★☆
3 鶴岡千代子詩集 武田淑子・絵 白い虹 児文芸新人賞
4 楠木しげお詩集 久保雅勇・絵 カワウソの帽子
5 津坂治男詩集 垣内美穂・絵 大きくなったら ★◇
6 後藤れい子詩集 山本まつ子・絵 あくたれぼうずのかぞえうた
7 北村蔦子詩集 柿本幸造・絵 あかちんらくがき
8 吉田瑞穂詩集 吉田翠・絵 しおまねきと少年 ◇⃞★◎
9 新川和江詩集 葉祥明・絵 野のまつり ★☆
10 阪田寛夫詩集 織茂恭子・絵 夕方のにおい ◆⃞★☆○
11 高田敏子詩集 若山憲・絵 枯れ葉と星 ★☆
12 原田直友詩集 吉田翠・絵 スイッチョの歌 ★◎
13 小林純一詩集 久保雅勇・絵 茂作じいさん ◉★☆♪◎
14 谷川俊太郎詩集 長新太・絵 地球へのピクニック ★◎◇
15 与田準一詩集 深沢省三・深沢紅子・絵 ゆめみることば ★

16 岸田衿子詩集 中谷千代子・絵 だれもいそがない村
17 江間章子詩集 榊原直美・絵 水と風 ◇◎
18 原田直友詩集 小野まり・絵 虹―村の風景― ★
19 福田正夫詩集 福田達夫・絵 星の輝く海 ★☆
20 草野心平詩集 長野ヒデ子・絵 げんげと蛙 ★☆○◇
21 宮田滋子詩集 青木まさる・絵 手紙のおうち ☆○
22 久保田昭三詩集 斎藤彬子・絵 のはらでさきたい
23 鶴岡千代子詩集 加倉井和夫・武田淑子・絵 白いクジャク ★♪
24 尾上尚子詩集 まど・みちお・絵 そらいろのビー玉 ★☆児文協新人賞
25 水上紅詩集 深沢紅子・絵 私のすばる ☆
26 野呂昶詩集 福島一二三・絵 おとのかだん ★
27 こやま峰子詩集 武田淑子・絵 さんかくじょうぎ ☆
28 青戸かいち詩集 駒宮録郎・絵 ぞうの子だって
29 まきたかし詩集 福田達夫・絵 いつか君の花咲くとき ★☆♡
30 薩摩忠詩集 駒宮録郎・絵 まっかな秋 ★☆♡

31 新川和江詩集 福島一二三・絵 ヤァ！ヤナギの木 ★☆○♡
32 井上靖詩集 駒宮録郎・絵 シリア沙漠の少年 ★☆♡
33 古村徹三 詩・絵 笑いの神さま
34 江上波夫詩集 青空風太郎・絵 ミスター人類 ○☆
35 秋原秀夫詩集 鈴木義治・絵 風の記憶 ★◎
36 水村三千夫詩集 武田淑子・絵 鳩を飛ばす
37 久冨純江詩集 渡辺安芸夫・絵 風車 クッキングポエム
38 日野生三詩集 吉野晃希男・絵 雲のスフィンクス ★
39 佐藤雅子詩集 佐藤太清・広瀬きよみ・絵 五月の風 ★
40 小黒恵子詩集 武田淑子・絵 モンキーパズル ★
41 木村信子詩集 山本典子・絵 でていった
42 中野栄子詩集 吉田翠・絵 風のうた ☆
43 宮田滋子詩集 牧村慶子・絵 絵をかく夕日 ★
44 大久保ティ子詩集 渡辺安芸夫・絵 はたけの詩 ★☆
45 秋原秀夫詩集 赤星亮衛・絵 ちいさなともだち ♥

☆日本図書館協会選定（2015年度で終了）　♪日本童謡賞　♧岡山県選定図書　◇岩手県選定図書
★全国学校図書館協議会選定（SLA）　♡日本子どもの本研究会選定　◆京都府選定図書
□少年詩賞　■茨城県すいせん図書　♥秋田県選定図書　◇⃞芸術選奨文部大臣賞
○厚生省中央児童福祉審議会すいせん図書　♣愛媛県教育会すいせん図書　◉赤い鳥文学賞　◆⃞赤い靴賞

…ジュニアポエムシリーズ…

✲サトウハチロー賞
◌三木露風賞
♤福井県すいせん図書
▲神奈川県児童福祉審議会推薦優良図書
♠奈良県教育研究会すいせん図書
❖北海道選定図書
◈静岡県すいせん図書
◎学校図書館図書整備協会選定図書（SLBA）
✣毎日童謡賞
❁三越左千夫少年詩賞

…ジュニアポエムシリーズ…

No.	著者	書名	記号
91	新井和詩集 高田三郎・絵	おばあちゃんの手紙	☆★
92	はなわたえこ詩集 えばとかつこ・絵	みずたまりのへんじ	★♪
93	柏木恵美子詩集 武田淑子・絵	花のなかの先生	☆
94	中原千津子詩集 寺内直美・絵	鳩への手紙	★
95	高瀬美代子詩集 小倉玲子・絵	仲なおり	★
96	杉本深由起詩集 若山憲・絵	トマトのきぶん	☆★◎ 児文芸新人賞
97	宍倉さとし詩集 守下さおり・絵	海は青いとはかぎらない	♧
98	石井英行詩集 有賀忍・絵	おじいちゃんの友だち	■
99	なかのひろ詩集 アサト・シェラ・絵	とうさんのラブレター	☆★
100	小松静江詩集 藤川秀之・絵	古自転車のバットマン	
101	石原一輝詩集 加藤真夢・絵	空になりたい	☆❀★
102	小泉周二詩集 西真里子・絵	誕生日の朝	☆■★
103	くすのきしげのり童謡 わたなべあきお・絵	いちにのさんかんび	☆★
104	成本和子詩集 小倉玲子・絵	生まれておいで	☆★❀♡♧
105	伊藤政弘詩集 小倉玲子・絵	心のかたちをした化石	★
106	川崎洋子詩集 井戸妙子・絵	ハンカチの木	□★☆
107	柘植愛子詩集 油野誠一・絵	はずかしがりやのコジュケイ	❀
108	新谷智恵子詩集 葉祥明・絵	風をください	☆♪♡✣
109	金親尚子詩集 牧進・絵	あたたかな大地	☆
110	黒柳啓子詩集 吉田翠・絵	父ちゃんの足音	☆★♡□
111	富田栄子詩集 油野誠一・絵	にんじん笛	♡☆
112	原国子詩集 高畠純・絵	ゆうべのうちに	☆△
113	宇部京子詩集 スズキコージ・絵	よいお天気の日に	○□♪☆◇★
114	武鹿悦子詩集 牧野鈴子・絵	お花見	☆□
115	山本なおこ詩集 梅田俊作・絵	さりさりと雪の降る日	☆★
116	小林比呂古詩集 おおた慶文・絵	ねこのみち	☆
117	後藤れい子詩集 渡辺あきお・絵	どろんこアイスクリーム	☆
118	重清良吉詩集 高田三郎・絵	草の上	☆□◆★
119	宮中雲子詩集 西真里子・絵	どんな音がするでしょか	✲★
120	前山敬子詩集 若山憲・絵	のんびりくらげ	☆★
121	川端律子詩集 若山憲・絵	地球の星の上で	♡
122	たかはしけいこ詩集 織茂恭子・絵	とうちゃん	♡♣★
123	宮田滋子詩集 深澤邦朗・絵	星の家族	☆♪
124	国沢たまき詩集 唐沢静・絵	新しい空がある	
125	池田あきつ詩集 小倉玲子・絵	かえるの国	★
126	黒田恵子詩集 倉島千賀子・絵	ボクのすきなおばあちゃん	☆★♡
127	垣内磯子詩集 宮崎照代・絵	よなかのしまうまバス	☆♡★
128	小泉周二詩集 佐藤平八・絵	太陽へ	★♪☆♡
129	中島和子詩集 秋里信子・絵	青い地球としゃぼんだま	☆★
130	のろさかん詩集 福島一二三・絵	天のたて琴	☆
131	加藤丈夫詩集 葉祥明・絵	ただ今受信中	☆★
132	北原悠子詩集 深沢紅子・絵	あなたがいるから	♡
133	池田もと子詩集 小倉玲子・絵	おんぷになって	♡
134	鈴木初江詩集 吉田翠・絵	はねだしの百合	★
135	垣内磯子詩集 今井俊・絵	かなしいときには	★

△長野県教育委員会すいせん図書　☆(財)日本動物愛護協会推薦図書
◆茨城県推奨図書　●児童ペン賞

…ジュニアポエムシリーズ…

- 136 秋葉てる代詩集　やなせたかし・絵　おかしのすきな魔法使い　♪★
- 137 青戸かいち詩集　永田萠・絵　小さなさようなら　☘★
- 138 柏木恵美子詩集　高田三郎・絵　雨のシロホン　♡★
- 139 藤井則行詩集　阿見みどり・絵　春だから　♡★◎
- 140 黒田勲子詩集　山中冬児・絵　いのちのみちを
- 141 南郷芳明詩集　的場豊子・絵　花時計
- 142 やなせたかし詩・絵　生きているってふしぎだな
- 143 内田麟太郎詩集　斎藤隆夫・絵　うみがわらっている
- 144 しまざきふみ詩集　島崎奈緒・絵　こねこのゆめ　♡
- 145 糸永えつこ詩集　武井武雄・絵　ふしぎの部屋から　♡
- 146 石坂きみこ詩集　鈴木英二・絵　風の中へ　♡
- 147 坂本のこ詩集　坂本こう・絵　ぼくの居場所　♡
- 148 島村木綿子詩・絵　森のたまご　☘
- 149 楠木しげお詩集　わたせせいぞう・絵　まみちゃんのネコ　★
- 150 牛尾良子詩集　上矢津・絵　おかあさんの気持ち　♡
- 151 三越左千夫詩集　阿見みどり・絵　せかいでいちばん大きなかがみ　★
- 152 水村三千夫詩集　高見八重子・絵　月と子ねずみ
- 153 川越文子詩集　横松桃子・絵　ぼくの一歩ふしぎだね　★
- 154 すずきゆかり詩集　葉祥明・絵　まっすぐ空へ
- 155 西田純詩集　葉祥明・絵　木の声水の声
- 156 清野倭文子詩集　水科舞・絵　ちいさな秘密《ひみつ》
- 157 川奈静詩集　直江みちる・絵　浜ひるがおはパラボラアンテナ　★◎
- 158 若木良水詩集　西真里子・絵　光と風の中で
- 159 牧陽子詩集　渡辺あきお・絵　ねこの詩　★◎
- 160 宮田滋子詩集　阿見みどり・絵　愛一輪　★◎
- 161 井上灯美子詩集　唐沢静・絵　ことばのくさり　☆♪
- 162 滝波万理子詩集　滝波裕子・絵　みんな王《おう》様《さま》　★♪
- 163 冨岡みち詩集　関口コオ・絵　かぞえられへんせんぞさん　★
- 164 垣内磯子詩集　辻恵子・切り絵　緑色のライオン　★◎
- 165 すぎもとれいこ詩集　平井辰夫・絵　ちょっといいことあったとき　★
- 166 岡田喜代子詩集　おぐらひろかず・絵　千年の音　★☆◎
- 167 川奈静詩集　直江みちる・絵　ひもの屋さんの空　★◎☆♥♡
- 168 鶴岡千代子詩集　武田淑子・絵　白い花火　★☆
- 169 井上灯美子詩集　唐沢静・絵　ちいさい空をノックノック　★◎☆
- 170 尾崎杏子詩集　ひなた山すじゅう郎・絵　海辺のほいくえん　☆♡★◎
- 171 柘植愛子詩集　やなせたかし・絵　たんぽぽ線路　☆♡★◎♪
- 172 小林比呂古詩集　うめざわのりお・絵　横須賀スケッチ　☆★◎♡▲
- 173 林佐知子詩集　串田敦子・絵　きょうという日　☆★◎♡▲
- 174 後藤基宗子詩集　岡澤由紀子・絵　風とあくしゅ　☆♥★◎♡
- 175 土屋律子詩集　高瀬のぶえ・絵　るすばんカレー　☆♡★◎▲
- 176 三輪アイ子詩集　深沢邦朗・絵　かたぐるましてよ　★☆♡
- 177 田辺瑞美子詩集　西真里子・絵　地球賛歌　☆★◎
- 178 高瀬美代子詩集　小倉玲子・絵　オカリナを吹く少女　☆♡
- 179 中野惠子詩集　串田敦子・絵　コロポックルでておいで　★♡☆♪
- 180 松井節子詩集　阿見みどり・絵　風が遊びにきている　★☆♡▲

…ジュニアポエムシリーズ…

181 新谷智恵子詩集　徳田徳志芸・絵　とびたいペンギン　佐世保文学賞　♡★◎▲

182 牛尾良子詩集　牛尾征治・写真　庭のおしゃべり　♡★◎

183 三枝ますみ詩集　髙見八重子・絵　サバンナの子守歌　☆★

184 佐藤雅子詩集　佐藤太清・菊池治子・絵　空の牧《まき》場《ば》　☆★♡■◎◈

185 山内弘子詩集　おぐらひろかず・絵　思い出のポケット　♡★♪

186 山内弘子詩集　阿見みどり・絵　花の旅人　♡★▲

187 原国子詩集　牧野鈴子・絵　小鳥のしらせ　♡★△◎

188 人見敬子詩・絵　方《はこ》舟《ぶね》地球号 ―いのちは元気―　♡★◎

189 林佐知子詩集　串田敦子・絵　天にまっすぐ　★☆♡◎

190 小臣富子詩集　渡辺あきお・絵　わんさかわんさかどうぶつさん　✡♡★◎

191 川越文子詩集　かまだちえみ・写真　もうすぐだからね　♡★◎

192 永田喜久男詩集　武田淑子・絵　はんぶんごっこ　☆★◎♡

193 吉田房子詩集　大和田明代・絵　大地はすごい　★◎♡▲

194 石井春香詩集　髙見八重子・絵　人魚の祈り　★♡

195 石原一輝詩集　小倉玲子・絵　雲のひるね　♡

196 たかはしけいこ詩集　髙橋敏彦・絵　そのあと　ひとは　★

197 宮田滋子詩集　おおた慶文・絵　風がふく日のお星さま　★♡◎

198 渡辺恵美子詩集　つるみゆき・絵　空をひとりじめ　★♡♪

199 宮中雲子詩集　西真里子・絵　手と手のうた　★

200 杉本深由起詩集　太田大八・絵　漢字のかんじ　★♡✿

201 井上灯美子詩集　唐沢静・絵　心の窓が目だったら　★♡

202 峰松晶子詩集　おおた慶文・絵　きばなコスモスの道　★♡

203 高橋文子詩集　山中桃子・絵　八丈太鼓　★♡

204 長野貴子詩集　武田淑子・絵　星座の散歩　★♡

205 江口正子詩集　髙見八重子・絵　水の勇気　♡☆★

206 藤本美智子詩・絵　緑のふんすい　☆♡★

207 林佐知子詩集　串田敦子・絵　春はどどど　♡★◎

208 小関秀夫詩集　阿見みどり・絵　風のほとり　☆♡★▲

209 宗美津子詩集　宗信寛・絵　きたのもりのシマフクロウ　♡★

210 かわてせいぞう詩集　髙橋敏彦・絵　流れのある風景　☆♡★

211 土屋律子詩集　高瀬のぶえ・絵　ただいまぁ　★♡☆◎▲

212 永田喜久男詩集　武田淑子・絵　かえっておいで　☆♡★

213 みたみちこ詩集　牧進・絵　いのちの色　♡★

214 糸永えつこ詩集　糸永わかこ・絵　母です　息子です　おかまいなく　♡☆★

215 宮田滋子詩集　武田淑子・絵　さくらが走る　♡☆★♪

216 柏木恵美子詩集　吉野晃希男・絵　ひとりぼっちの子クジラ　♡★◎

217 江口正子詩集　髙見八重子・絵　小さな勇気　♡☆★

218 井上灯美子詩集　唐沢静・絵　いろのエンゼル　★♡

219 中島あやこ詩集　日向山寿十郎・絵　駅伝競走　★☆♡

220 高橋孝治詩集　髙見八重子・絵　空の道　心の道　★♡

221 江口正子詩集　日向山寿十郎・絵　勇気の子　♡☆★

222 宮田滋子詩集　牧野鈴子・絵　白鳥よ　☆★

223 井上良子詩集　銅版画　太陽の指環　★

224 川越文子詩集　山中桃子・絵　魔法のことば　♡☆★

225 西本みさこ詩集　上司かのん・絵　いつもいっしょ　☆♡

…ジュニアポエムシリーズ…

226 おばらいちこ詩集 髙見八重子・絵 ぞうのジャンボ ☆★♡
227 吉田房子詩集 本田あまね・絵 まわしてみたい石臼 ★♡
228 吉田房子詩集 阿見みどり・絵 花詩集 ★♡◎
229 田中たみ子詩集 唐沢静・絵 へこたれんよ ★◎
230 林佐知子詩集 串田敦子・絵 この空につながる ★♡
231 藤本美智子 詩・絵 心のふうせん ★♡
232 火星雅範詩集 西川律子・絵 ささぶねうかべたよ ★♡▲
233 吉田房子詩集 岸田歌子・絵 ゆりかごのうた ★♡
234 むらかみみちこ詩集 むらかみみちこ むらかみあくる・絵 風のゆうびんやさん ★♡
235 白谷玲花詩集 阿見みどり・絵 柳川白秋めぐりの詩 ★♡
236 ほさかとしこ詩集 内山つとむ・絵 神さまと小鳥 ★☆♡
237 内田麟太郎詩集 長野ヒデ子・絵 まぜごはん ☆★◎♡▲
238 小林比呂古詩集 出口雄大・絵 きりりと一直線 ♡★
239 牛尾良子詩集 おぐらひろかず・絵 うしの土鈴とうさぎの土鈴 ★◎♡
240 山本純子詩集 ルイコ・絵 ふふふ ★♡☆◎

241 神田亮 詩・絵 天使の翼 ★☆♡
242 かんざわみえ詩集 阿見みどり・絵 子供の心大人の心さ迷いながら ☆★◎▲
243 永田喜久男詩集 内山つとむ・絵 つながっていく ★☆♡
244 浜野木碧 詩・絵 海原散歩 ☆★◎♡
245 やまうち・しゅうへい詩集 山本省三・絵 風のおくりもの ☆★◎♡
246 すぎもとれいこ 詩・絵 てんきになあれ ★◎
247 冨岡みち詩集 加藤真夢・絵 地球は家族 ひとつだよ ♡☆◎★
248 北野千賀詩集 滝波裕子・絵 花束のように ♡☆★◎
249 石原一輝詩集 加藤真夢・絵 ぼくらのうた ♡★◎
250 土屋律子詩集 高瀬のぶえ・絵 まほうのくつ ♡☆★◎▲
251 津坂治男詩集 井上良子・絵 白い太陽 ☆♡★◎
252 石井英行詩集 よしだちなつ・表紙絵 野原くん ☆★♡◎▲
253 井上灯美子詩集 唐沢静・絵 たからもの ☆♡★
254 大竹典子詩集 加藤真夢・絵 おたんじょう ☆★
255 たかはしけいこ詩集 織茂恭子・絵 流れ星 ★♡

256 谷川俊太郎詩集 下田昌克・絵 そして ♡★◎
257 なんば・みちこ詩集 布下満・絵 トックントックン 大空で大地で ★◎
258 宮本美智子詩集 阿見みどり・絵 夢の中に そっと ★◎♡
259 成本和子詩集 阿見みどり・絵 天使の梯子 ★◎
260 海野文音詩集 牧野鈴子・絵 ナンドデモ ★♡
261 熊谷本郷詩集 永田萠・絵 かあさん かあさん ★♡
262 大楠翠詩集 吉野晃希男・絵 おにいちゃんの紙飛行機 ★♡♪
263 久保恵子詩集 たかせちなつ・絵 わたしの心は 風に舞う ★♡
264 みずかみさやか詩集 葉祥明・絵 五月の空のように ★♡
265 尾崎昭代詩集 中辻アヤ子・絵 たんぽぽの日 ★
266 はやしゆみ詩集 渡辺あきお・絵 わたしはきっと小鳥 ★
267 田沢節子詩集 永田萠・絵 わき水ぷっくん △★♡
268 柘植愛子詩集 そねはらまさえ・絵 赤いながぐつ ★♡
269 馬場与志子詩集 日向山寿十郎・絵 ジャンケンポンでかくれんぼ ♡★
270 内田麟太郎詩集 高畠純・絵 たぬきのたまご ★●♡

ジュニアポエムシリーズは、子どもにもわかる言葉で真実の世界をうたう個人詩集のシリーズです。

本シリーズからは、毎回多くの作品が教科書等の掲載詩に選ばれており、1974年以来、全国の小・中学校の図書館や公共図書館等で、長く、広く、読み継がれています。

心を育むポエムの世界。

一人でも多くの子どもや大人に豊かなポエムの世界が届くよう、ジュニアポエムシリーズはこれからも小さな灯をともし続けて参ります。

271	むらかみみちこ 詩・絵	家族のアルバム	★♡
272	井上和子詩集 吉田瑠美・絵	風のあかちゃん	★♡
273	佐藤一志詩集 日向山寿十郎・絵	自然の不思議	♡★
274	小沢千恵 詩・絵	やわらかな地球	♡★
275	あべこうぞう詩集 大谷さなえ・絵	生きているしるし	♡★
276	宮田滋子詩集 田中槇子・絵	チューリップのこもりうた	★♡
277	林佐知子詩集 葉祥明・絵	空の日	★♡
278	いしがいようこ 詩・絵	ゆれる悲しみ	★♡
279	村瀬保子詩集 武田淑子・絵	すきとおる朝	♡★
280	あわのゆりこ詩集 高畠純・絵	まねっこ	★♡
281	川越文子詩集 福田岩緒・絵	赤い車	★♡
282	白石はるみ詩集 かないゆみこ・絵	エリーゼのために	★♡
283	尾崎杏子詩集 日向山寿十郎・絵	ぼくの北極星	♡★
284	壱岐梢詩集 葉祥明・絵	ここに	★
285	野口正路詩集 山手正彦・絵	光って生きている	★◎
286	樋口てい子詩集 串田敦子・絵	ハネをもったコトバ	★◎
287	火星雅範詩集 西川律子・絵	ささぶねにのったよ	
288	大楠翠詩集 吉野晃希男・絵	はてなとびっくり	★◎✤
289	大澤清詩集 阿見みどり・絵	組曲 いかに生きるか	★
290	たかはしけいこ詩集 織茂恭子・絵	いっしょ	★♡◎
291	内田麟太郎詩集 大野八生・絵	なまこのぽんぽん	★◎○
292	はやしゆみ詩集 はなてる・絵	こころの小鳥	♡★◎
293	いしがいようこ 詩・絵	あ・そ・ぼ！	★♡◎
294	帆草とうか 詩・絵	空をしかくく切りとって	★♡
295	土屋律子詩集 吉野晃希男・絵	コピーロボット	★◎♡
296	川上佐貴子詩集 はなてる・絵	アジアのかけ橋	♡★◎
297	西沢杏子詩集 東逸子・絵	さくら貝とプリズム	♡★◎
298	鈴木初江詩集 小倉玲子・絵	めぐりめぐる水のうた	★◎
299	白谷玲花詩集 牧野鈴子・絵	母さんのシャボン玉	◎★
300	ゆふあきら詩集 ゆふくみこ・絵 やまぐちかおる・絵	すずめのバスケ	♡★◎
301	半田信和詩集 吉野晃希男・絵	ギンモクセイの枝先に	★◎
302	弓削田健介詩集 葉祥明・絵	優《やさ》しい詩《うた》のお守《まも》りを	★♡
303	内田麟太郎詩集 井上コトリ・絵	たんぽぽぽぽぽ	★◎♡
304	宮本美智子詩集 阿見みどり・絵	水色の風の街	★◎♡
305	星野良一詩集 ながしまよいち・絵	星の声、星の子へ	◎♡★✤
306	うたかいずみ詩集 しんやゆう子・絵	あしたの木	♡★◎
307	藤本美智子 詩・絵	木の気分	♡★◎
308	大迫弘和詩集 葉祥明・絵	ルリビタキ	★◎
309	林佐知子詩集 髙見八重子・絵	いのちの音	
310	森木林詩集 葉祥明・絵	あたたかな風になる	
311	内田麟太郎詩集 かみやしん・絵	たちつてと	
312	星野良一詩集 ながしまよいち・絵	スターライト	

＊刊行の順番はシリーズ番号と異なる場合があります。

銀の小箱シリーズ
四六変型

- 葉 祥明 詩・絵　小さな庭
- 若山 憲 詩・絵　白い煙突
- こばやしひろこ・詩　うめざわのりお・絵　みんななかよし
- 江口 正子・詩　油野 誠一・絵　みてみたい
- やなせたかし 詩・絵　あこがれよなかよくしよう
- 冨岡 みち・詩　関口 コオ・絵　ないしょやで
- 小林比呂古・詩　神谷 健雄・絵　花かたみ
- 小泉 周二・詩　辻 友紀子・絵　誕生日・おめでとう
- 柏原 耿子・詩　阿見みどり・絵　アハハ・ウフフ・オホホ★♡▲
- こばやしひろこ・詩　うめざわのりお・絵　ジャムパンみたいなお月さま★▲

小さな詩の絵本
新企画 オールカラー・A6判

- 内田麟太郎・詩　たかすかずみ・絵　いっしょに♡★◎

すずのねえほん
B5判・A4変型版

- たかはしけいこ・詩　中釜浩一郎・絵　わたし★◎
- 尾上 尚子・詩　小倉 玲子・絵　ぽわぽわん
- 糸永えつこ・詩　高見八重子・絵　はる なつ あき ふゆ もうひとつ★ 児文芸新人賞
- 山口 敦子・詩　高橋 宏幸・絵　ばあばとあそぼう
- あらい・まさはる・童謡　しのはられみ・絵　けさいちばんのおはようさん
- 佐藤 雅子・詩　佐藤 太清・絵　こもりうたのように♪ 日本童謡賞　美しい日本の12ヵ月
- 柏木 隆雄・詩　やなせたかし他・絵　かんさつ日記★♡
- マリウス・マルツィンケヴィチウス・詩　ラサ・ヤンチャウスカイテ・絵　きむらあや・訳　ちいさな ちいさな♡◎★

銀の鈴文庫
文庫サイズ・A6判

- 小沢 千恵・詩　下田 昌克・絵　あのこ♡▲

アンソロジー
A5判

- 渡辺 浦人・編　村上 保・絵　赤い鳥 青い鳥♪
- わたげの会・編　渡辺あきお・絵　花ひらく★
- 西木 真里子・絵　西木 曜会・編　いまも星はでている★
- 西木 曜会・編　真里子・絵　いったりきたり♡
- 西木 曜会・編　真里子・絵　宇宙からのメッセージ
- 西木 曜会・編　真里子・絵　地球のキャッチボール★◎
- 西木 曜会・編　真里子・絵　おにぎりとんがった☆★◎
- 西木 曜会・編　真里子・絵　みぃーつけた♡★◎
- 西木 曜会・編　真里子・絵　ドキドキがとまらない
- 西木 曜会・編　真里子・絵　神さまのお通り★
- 西木 曜会・編　真里子・絵　公園の日だまりで★♡
- 西木 曜会・編　真里子・絵　ねこがのびをする♡★

掌の本 アンソロジー
A7判

- こころの詩 I 品切
- しぜんの詩 I
- いのちの詩 I 品切
- ありがとうの詩 I 品切
- 詩集 希望
- 詩集 家族
- いのちの詩集―いきものと野菜
- ことばの詩集―方言と手紙
- 詩集―夢・おめでとう
- 詩集―ふるさと・旅立ち

掌の本
A7判

- 森埜こみち・詩　こんなときは!